La théorie de Dow

Patricia Elbaz

LA THÉORIE DE DOW

JDH Éditions

Les Essentiels de l'AFATE

PRÉFACE

Beaucoup de disciplines se sont développées grâce à l'apport décisif de personnalités exceptionnelles. C'est le cas pour l'analyse technique qui possède ses « grands maîtres ». Charles Dow, qui est passé à la postérité grâce à sa « théorie de Dow », en est un exemple marquant. Il est considéré comme le père de l'analyse technique occidentale, ou du moins du chartisme.

Il est remarquable de comprendre que cette théorie complète a été élaborée il y a plus de 120 ans, à une période où les outils que nous utilisons quotidiennement n'existaient pas.

Elle a pu être critiquée, mais ses fondements, très liés à la psychologie des investisseurs, demeurent encore aujourd'hui un guide précieux pour les analystes et les investisseurs.

On peut même indiquer qu'elle est à l'origine de nombreux développements de l'analyse technique.

Sa maîtrise demeure **indispensable** à tous ceux qui cherchent à comprendre et maîtriser les marchés boursiers, leurs rythmes et la psychologie des intervenants.

Qui mieux que Patricia Elbaz pouvait développer le sujet dans une collection d'apprentissage de la discipline ? Sa longue expérience des marchés financiers, sa maîtrise de l'analyse technique, sanctionnée par la plus haute certification de la discipline (le MSTA), lui confèrent toute la crédibilité dans l'exposition de cette théorie. Sa pédagogie, qui s'exerce dans ses activités d'enseignement de l'analyse technique au sein des plus hautes formations financières (comme l'ESCP), permet au lecteur de comprendre de manière fluide tous les rouages de la théorie de Dow.

Nous avons été ravis, Denis Desclos, l'actuel président de l'AFATE, et moi-même, quand Patricia a accepté de collaborer au développement de la collection d'initiation à l'analyse technique « Les essentiels de l'AFATE », notamment concernant une des approches majeures de la discipline.

Cet ouvrage a une place et une importance tout à fait particulières dans cette collection. Les livres précédents étaient très attachés à la démonstration et l'explication des éléments techniques. Celui de Patricia met l'accent sur les phénomènes de marché et la psychologie des investisseurs, en fonction de leur position : « grosses mains », « la foule »…

Nous devons également remercier Patricia, dont la langue est l'anglais, d'avoir fait ce gros effort d'écrire cet ouvrage en français. Elle est également membre de la STA, qui est l'homologue en Angleterre de l'AFATE en France.

Daniel Cohen de Lara

REMERCIEMENTS

Merci, tout d'abord, à Daniel Cohen de Lara, associé chez Next Momentum et ex-président de l'AFATE, pour son encouragement et son énorme soutien à la réalisation de cet ouvrage. La citation que je rappelle à mes étudiants est celle de l'écrivain américain Mark Twain : « **Le secret pour avancer, c'est de commencer.** » Daniel m'a inspirée à entreprendre cette œuvre. C'est grâce aux excellentes conférences à Paris organisées par André Malpel, le Salon de l'Analyse Technique et le Salon du Trading, qu'on a eu l'occasion de se retrouver et d'échanger des idées sur tous les marchés. Merci André !

Je tiens aussi à remercier la personne qui m'a introduite à cette analyse exceptionnelle, Gerry Celaya, fondateur de Tricio Investment Advisors, qui m'a formée à Standard & Poor's MMS lorsque le monde dormait à 6 h du matin mais que les marchés bougeaient ! Gerry m'a encouragée à approfondir mes notions et à réaliser des présentations aux clients internationaux. Les amitiés entre collègues sont uniques et je remercie Jane Foley, Managing Director à Rabobank pour son amitié qui date de 1990 et ses conseils précieux.

Merci à mes collègues et à mes étudiants qui enrichissent tous les jours nos connaissances.

Et bien sûr, aux personnes qui m'ont toujours guidée, Dan Zl' et Mimi, Tony, Deborah, Josh, Mikey, Katie et Shoko. Mes proches qui me rendent toujours heureuse !

INTRODUCTION

La théorie de Dow aide les investisseurs à interpréter les tendances du marché. Bien que ce soit une théorie qui date des années 1900, elle reste valide et importante aujourd'hui.

Sans s'en rendre compte, la théorie est liée à plusieurs développements de l'analyse technique, tels que : les effets de la foule, la psychologie du marché, la confirmation d'une tendance en comparant la moyenne de deux secteurs et la logique d'un mouvement haussier lorsque le premier sommet a été dépassé et des creux de plus en plus hauts sont réalisés.

En effet, c'est une théorie logique, qui peut être appliquée sur tous les marchés et qui inclut d'autres analyses telles que les retracements de Fibonacci, l'utilité des moyennes mobiles et le développement des vagues d'Elliott. Les niveaux psychologiques sur les graphiques sont aussi liés à la théorie et, sans doute, Dow a un effet sur tous les trades que nous effectuons.

Cette théorie développée sur les marchés des actions peut être appliquée aujourd'hui sur les marchés de devises (Foreign Exchange), de matières premières (commodities), ainsi que sur le marché de cryptomonnaies.

Les chapitres qui suivent expliquent l'origine de la théorie de Dow avec des exemples de l'application des trois tendances sur les marchés financiers. En étudiant l'analyse technique, on se rend compte que les recherches de Dow nous accompagnent dans toutes les décisions de trading.

CHAPITRE 1

ORIGINE DE LA THÉORIE DE DOW

La théorie de Dow est la base de l'analyse technique, développée par Charles Dow, qui vécut de 1851 à 1902.

En tant que journaliste américain, Dow publiait des articles dans le *Wall Street Journal.* Suite à sa recherche, Dow a créé le premier indice de bourse en 1884. Cet indice était composé de seulement onze actions, dont neuf compagnies ferroviaires. En 1896, l'indice fut divisé en deux : l'indice de douze actions industrielles et l'indice de vingt actions ferroviaires.

Charles Dow

1851-1902

Il a ensuite créé le DJIA, « Dow Jones Industrial Average » le 26 mai 1896, qui mesure la moyenne industrielle du Dow Jones. Le nom est dérivé de Charles Dow et son associé Edward Jones.

Ce fut seulement après la mort de Charles Dow en 1902 que « Dow Theory », la théorie de Dow, fut publiée. D'autres analystes ont compilé son travail en rassemblant des informations de plus de 250 articles boursiers. Charles Dow a écrit des articles dans le journal sans utiliser les termes « Dow Theory ».

Ses disciples et associés ont publié des travaux dont certains sont des contributeurs importants à la théorie de Dow : William Hamilton « The Stock-Market Barometer » en 1922, et Robert Rhea « The Dow Theory », en 1932.

Comme indiqué précédemment, lorsque le DJA a débuté en Bourse en 1896, il y avait uniquement douze sociétés, dont General Electric. Il a fallu attendre 2018 pour que General Electric perde sa place dans le DJIA.

Les premières entreprises de Dow étaient principalement des entreprises de matériaux de base et d'industrie lourde, notamment les douze entreprises suivantes :

1. American Cotton Oil
2. American Sugar
3. American Tobacco
4. Chicago Gas
5. Distilling & Cattle Feeding
6. General Electric
7. Laclede Gas
8. National Lead
9. North American
10. Tennessee Coal & Iron
11. U.S. Leather
12. U.S. Rubber

Le DJIA est considéré comme un excellent indicateur de l'économie américaine. Aujourd'hui, le DJIA est l'indice le plus suivi. Il a atteint un niveau record au-dessus de 45 000 points en décembre 2024, selon les données récentes jusqu'à janvier 2025.

En janvier 2025, le DJIA inclut les trente sociétés suivantes :

1. 3M
2. American Express
3. Amgen
4. Apple
5. Boeing
6. Caterpillar
7. Chevron
8. Cisco Systems
9. Coca-Cola
10. Dow Inc.
11. Goldman Sachs

12. Home Depot
13. Honeywell
14. IBM
15. Intel
16. Johnson & Johnson
17. JPMorgan Chase
18. McDonald's
19. Merck
20. Microsoft
21. Nike
22. Pfizer
23. Procter & Gamble
24. Raytheon Technologies
25. Salesforce
26. The Travelers Companies
27. UnitedHealth Group
28. Verizon Communications
29. Visa
30. Walmart

La théorie de Dow est utilisée aujourd'hui sur tous les marchés financiers. Les principes continuent d'être efficaces pour identifier les tendances long terme, moyen terme et court terme du marché et pour aider les traders à prendre des décisions et anticiper les niveaux clés.

Bien que Charles Dow ait analysé les moyennes sur les indices industriels et ferroviaires, la théorie peut être utilisée sur tous les marchés. L'ouvrage de Denis Desclos dans la collection « Les essentiels de l'AFATE », *Actifs et instruments de la Bourse et des marchés financiers*, aux pages 11 à 28, explique en profondeur les différents types de marchés financiers.

Sans qu'il y soit fait expressément référence, la théorie de Dow et ses applications sont présentes dans les salles de marchés internationales.

Le graphique ci-après, long terme du DJIA et la moyenne mobile sur cinquante-deux semaines montrent clairement la reprise de la tendance haussière suite aux fortes pertes après la pandémie de 2020. Des niveaux records ont été atteints au-dessus de 45 000 points en décembre 2024, comme il a été indiqué précédemment.

<u>Graphique Long terme du DJIA</u>

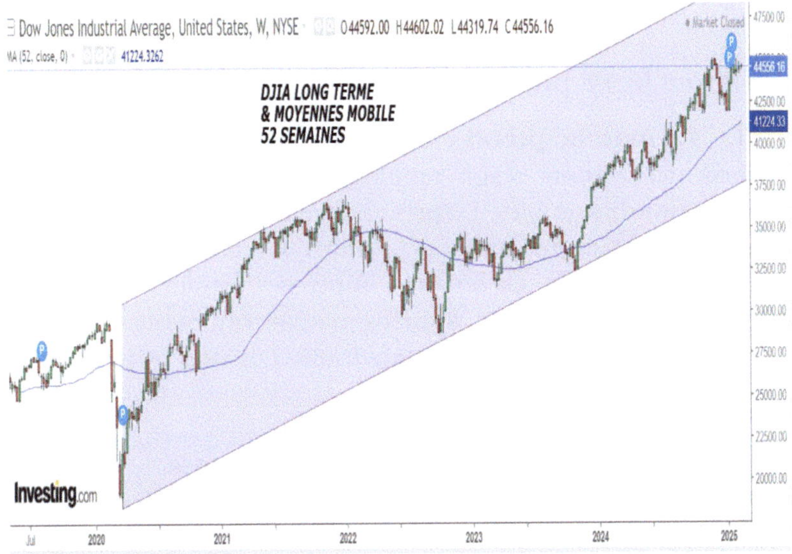

Le développement de l'intelligence artificielle et des méthodes de trading algorithme n'a pas réduit l'importance de cette théorie. Le point de départ de l'analyse est toujours « quelle est la tendance ? », que ce soit pour le long terme ou le court terme. C'est la première question que l'on doit se poser. C'est là que Dow nous donne ses valeurs importantes. Le deuxième chapitre explique les six principes de la théorie avec des exemples pratiques.

CHAPITRE 2

LES SIX PRINCIPES
DE LA THÉORIE DE DOW

L'avantage principal de la théorie de Dow est qu'il s'agit d'une méthode pratique et qui peut être utilisée sur tous les marchés financiers. Elle nous permet d'analyser la tendance et de prendre des décisions du long terme au court terme.

Quels sont les six principes de Dow ?

1. Le marché prend en compte toutes les nouvelles.
Le prix des actions réagit rapidement aux informations dès qu'elles sont disponibles. Le prix change donc pour refléter l'effet des informations publiées. Toutes les informations sont incluses dans le prix, en tenant compte des résultats financiers des sociétés ainsi que des données macroéconomiques, des effets politiques et des réactions de la foule. Tous ces facteurs sont pris en compte.

2. Le marché évolue selon trois tendances.
Afin de valider un mouvement haussier, il faut effectuer des sommets de plus en plus hauts et des creux de plus en plus hauts.

La tendance majeure est le mouvement primaire, qui dure un an ou plus. La théorie de Dow compare le mouvement majeur aux marées d'un océan. Il est nécessaire d'utiliser des graphiques long terme hebdomadaires pour la première tendance.

En prenant l'exemple de l'action Apple dans le graphique qui suit, la tendance majeure est haussière. La ligne de tendance est tracée à partir des bas de 2020 et de 2023.

Tendance Majeure DJIA

Le mouvement secondaire est une réaction intermédiaire, qui dure de trois semaines à trois mois. Ce mouvement correspond à une phase de correction de la tendance primaire et on peut la comparer aux vagues dans l'océan. Les corrections retracent 1/3 à 2/3 du mouvement primaire. On retrouve là un lien avec les retracements de Fibonacci. Ils sont expliqués en détail dans l'ouvrage de Nicolas Gallant dans la même collection (« Les essentiels de l'AFATE »), *Les figures chartistes de l'analyse technique*, aux pages 121 à 125. Sur une tendance haussière, une correction peut toucher un retracement de 38,2 % ou une correction plus forte au niveau de retracement de 61,8 %.

Le retracement peut aussi être de 50 %. C'est là qu'il est difficile de savoir si la tendance est toujours corrective ou si on démarre dans une nouvelle tendance et si on anticipe un retournement.

Toujours sur l'exemple ci-dessus de l'action Apple Inc., la tendance secondaire, qui dure entre trois semaines et trois mois est corrective, ainsi qu'indiqué sur le graphique.

Tendance Secondaire DJIA

La troisième tendance est le mouvement mineur tertiaire qui dure moins de trois semaines. Il s'agit d'un mouvement au jour le jour.

La tendance mineure, court terme, est comparée à l'écume des vagues. Cette tendance est contenue dans la tendance secondaire.

La tendance mineure, court terme, indique ici les mouvements sur graphiques horaires. Ces derniers sont utilisés par les traders qui suivent l'évolution du prix en données horaires ou même en unités plus courtes. Le scalping nécessite l'analyse graphique en données minute ou tic.

Tendance Mineure Haussière Apple Inc.

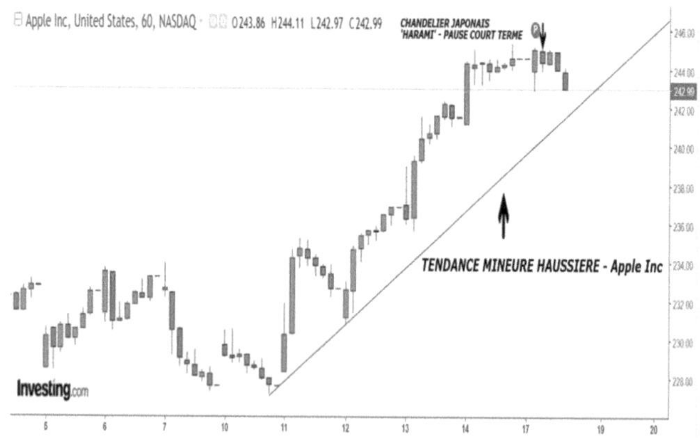

Tendances Primaires et Secondaires NVIDIA

Le graphique long terme, ci-après, indique une tendance primaire haussière sur NVIDIA. Un fort gap baissier a été ouvert suite à l'annonce de la performance du système d'IA développé par la société DeepSeek, début 2025.

Le mouvement correctif est en tendance secondaire. La tendance est analysée avec les formations de bougies japonaises. On constate un avalement baissier identifié le 24 janvier suivi d'un gap baissier important ouvert le 27 janvier. Depuis, Nvidia a rebondi au-dessus de 140 dollars.
L'ouvrage de Daniel Cohen de Lara, toujours dans la collection « Les essentiels de l'AFATE », *Les chandeliers japonais*, explique en détail ce type de configuration.

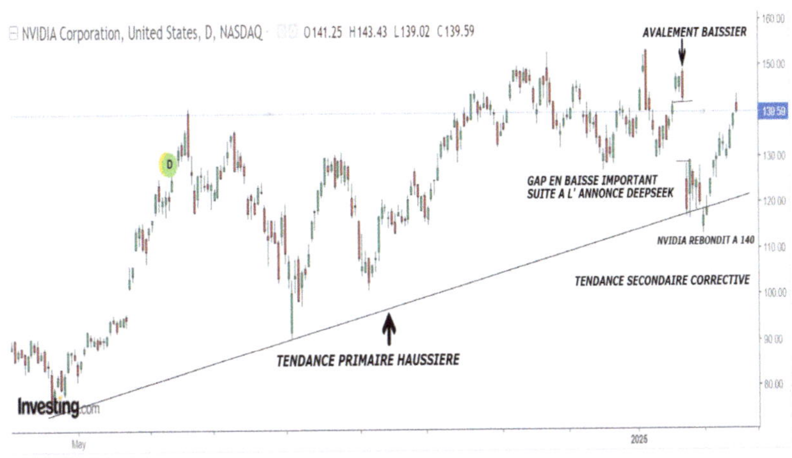

3. **Les tendances du marché se développent en trois phases :**

La première phase est la Phase d'Accumulation, en hausse.

Elle se produit lorsque les investisseurs professionnels commencent à prendre position, sans être sûrs que le marché va monter. C'est là qu'il est avantageux d'analyser les oscillateurs et voir s'il y a des divergences entre le prix et le momentum. Pendant cette phase, il n'y a pas encore la foule qui suit le mouvement. L'exemple de cette phase est indiqué sur le graphique Spot Gold.

La deuxième phase est la Phase de Participation ou d'absorption du public.

C'est là qu'il y aura des confirmations de tendance ainsi que le graphique, ci-dessous, du Spot Gold le montre. Le grand public est impliqué et les investisseurs sont encouragés par la confirmation du mouvement haussier suite à une hausse du volume.

<u>Les phases d'Accumulation et Participation sur Spot Gold</u>

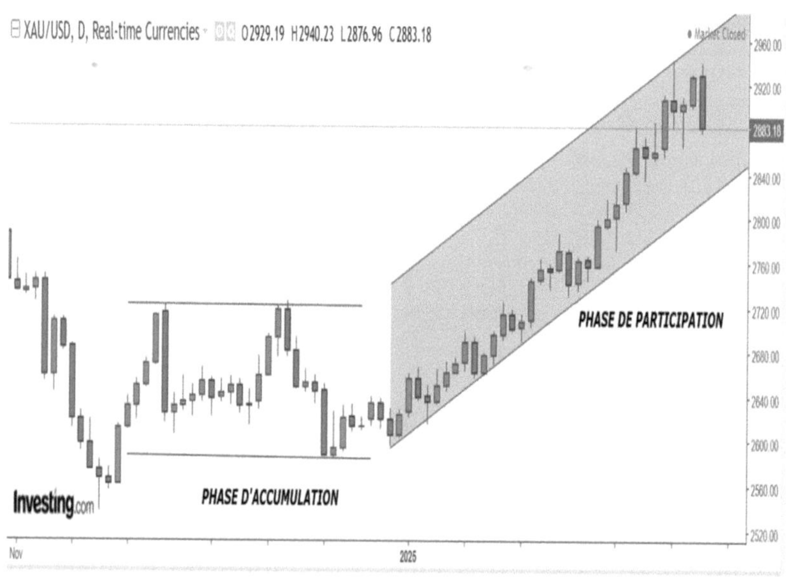

La troisième phase, la Phase de Distribution, est aussi connue comme la phase de panique.

C'est là que le mouvement de retournement commence à faire effet. Il est nécessaire aussi d'avoir des signaux de la part des oscillateurs, tels qu'une divergence négative pour confirmer le mouvement. La phase de distribution est une phase difficile à lire et à anticiper.

L'exemple de cette phase est indiqué sur le graphique suivant. La phase de distribution du titre Raspberry Pi est accentuée par le mouvement au-dessous de la moyenne mobile à 20 jours et la formation d'un avalement baissier le 7 février. Suite à la phase de distribution, l'action pourrait reprendre de la valeur et débuter une nouvelle phase d'accumulation.

La Phase de Distribution sur l'action Raspberry Pi

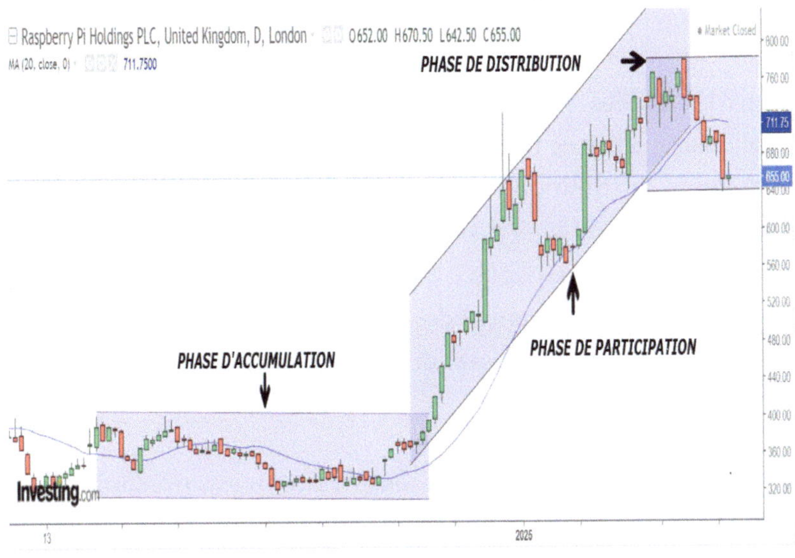

Les trois phases sont un exemple d'un marché haussier. Les phases de Dow peuvent être aussi appliquées de manière similaire sur un marché baissier.

L'effet de la foule

Une situation de phase de Distribution se produit quand la foule est trop active ; c'est dans cette circonstance qu'une position contre la tendance peut être prise. C'est à ce moment que la psychologie du marché et des actions des traders peut être analysée. Un bon exemple de ce type de situation peut être illustré avec le *Financial Times*. La une du *FT* reporte des nouvelles financières. Ensuite, la section « Companies & Markets » traite généralement de nouvelles du Forex, des obligataires… Dès que les nouvelles concernant le dollar ou le bitcoin se trouvent sur la une et non dans la rubrique « Companies & Markets », c'est une indication que le marché est inondé et c'est le moment de prendre une position contre la foule.

Dans les années 1980, à Wall Street, il y avait une phrase qui expliquait aussi très bien l'effet de la foule et le début du mouvement de distribution :
« *You know it's time to sell when shoeshine boys give you stock tips* », qui se traduit par : « Vous savez qu'il est temps de vendre quand les cireurs de chaussures vous donnent des conseils d'actions financières. »
C'est exactement à ce moment que la phase de distribution démarre.

Le graphique suivant est un exemple du niveau psychologique à 160 yens sur la paire USDJPY et une phase de distribution qui indique une tendance corrective baissière.

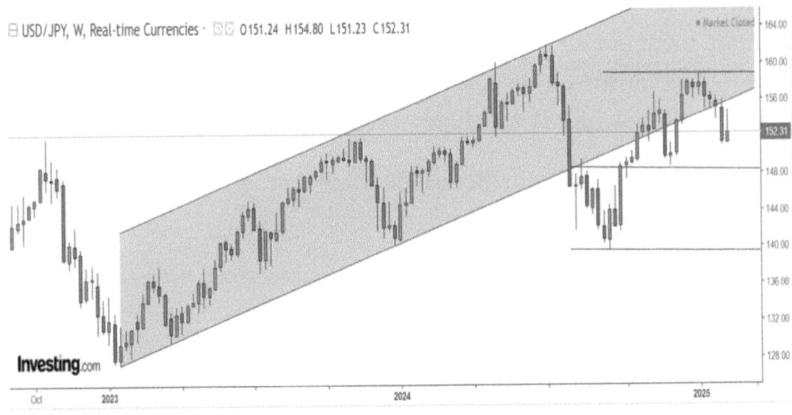

4. Les moyennes du marché boursier doivent se confirmer mutuellement

À l'époque de Charles Dow, le réseau ferroviaire américain dans le transport de marchandises à travers le pays était très important. Le Dow Transportation Index, l'indice de transport de Dow, était considéré comme un indice clé, un indicateur de l'activité économique.

Dow décida alors de créer deux indices : le *Dow Jones Industrial Index* et le *Dow Jones Transportation Index*. Selon Dow, sur un marché haussier, les deux indices doivent se confirmer. Sur un marché haussier, les deux indices doivent former de nouveaux sommets. Cette confirmation est utilisée aujourd'hui lorsque les investisseurs comparent les différents secteurs.

5. Les tendances sont confirmées par le volume

Selon Dow, le volume doit augmenter en cas de hausse du cours primaire et diminuer en cas de baisse du cours secondaire. Le volume est considéré comme un indicateur important qui confirme le mouvement. Un mouvement dont le volume est élevé devrait indiquer une poursuite de la tendance et une tendance forte. Un volume en hausse et les cours orientés à la baisse pourraient indiquer que la tendance primaire est à la baisse.

Aujourd'hui, beaucoup de spécialistes scrutent les données de volume pour confirmer un mouvement.

Un exemple est donné par l'action Raspberry Pi, une société basée à Cambridge, qui a effectué son introduction en Bourse en juillet 2024. Le graphique indique que la forte hausse des 11 et 20 décembre 2024 était accompagnée d'un volume important. Le mouvement a donc été confirmé par la hausse significative du volume.

Graphique de Raspberry Pi & Volume

6. Les tendances existent jusqu'à preuve du contraire
Selon Charles Dow, une tendance reste active jusqu'à preuve d'un mouvement contraire. Dans le graphique suivant, les retracements de Dow indiquent une correction du marché. Il est difficile de prévoir si un mouvement contre la tendance est l'amorce d'une nouvelle tendance ou, tout simplement, un re-

tracement ou une correction légère, avant de retrouver la tendance principale. C'est là que les niveaux de retracements sont mis en place.

Dow utilise les retracements 1/3 qui sont différents des retracements de Fibonacci et de ceux de WD Gann. Il est clair que, sans qu'on en soit conscient, on retrouve les bases des valeurs de Dow dans notre analyse quotidienne.

Graphique du S&P500 qui montre une série de sommets et creux de plus en plus hauts ou de plus en plus bas :

Pour une tendance haussière, il est nécessaire d'avoir une série de sommets et creux de plus en plus hauts.

Pour un marché baissier, la confirmation de la tendance serait une série de sommets et creux de plus en plus bas.

Ce principe et aussi lié aux vagues d'Elliott.

CHAPITRE 3

RELATION ENTRE LA THÉORIE DE DOW ET LES VAGUES D'ELLIOTT

Les vagues d'Elliott ont été développées en 1930 par Ralph Nelson Elliott. Il s'agit d'un cycle répétitif en cinq vagues suivi d'une correction en trois vagues. Les vagues sont une indication de la psychologie collective des investisseurs.

La structure des vagues d'Elliott est illustrée par le schéma suivant. En tendance haussière, on peut identifier les huit vagues.

Les Vagues d'Elliott

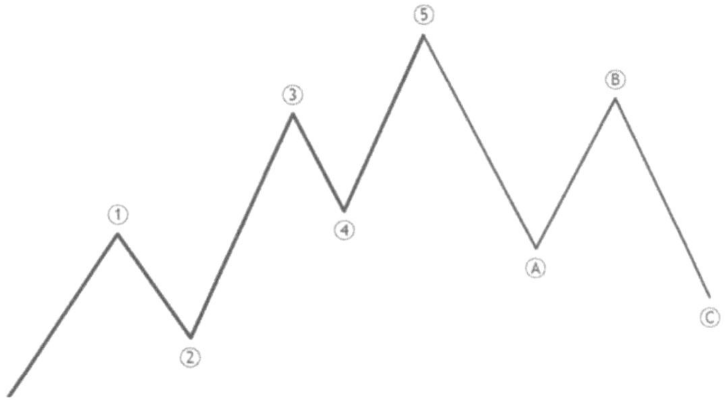

Afin que les vagues d'Elliott soient valides, il faut respecter les trois règles suivantes :

1. La vague 2 ne peut pas retracer plus de 100 % de la vague 1.
2. La vague 3 n'est jamais la plus courte, c'est une vague impulsive.

3. Le bas de la vague 4 ne peut pas être plus bas que le sommet de la vague 1.

C'est surtout la troisième règle qui est le plus liée à la théorie de Dow.

Dans le cas d'un marché haussier, la base de la vague 4 doit être au-dessus du sommet de la vague 1. Comme la théorie de Dow l'explique, une tendance haussière est confirmée par des sommets de plus en plus hauts et des creux de plus en plus hauts.

CHAPITRE 4

RELATION ENTRE LA THÉORIE DE DOW ET LES RETRACEMENTS DE FIBONACCI

Le graphique d'Amazon montre une tendance haussière, suivie d'une correction en cours.

Afin de mesurer cette correction, nous ajoutons les retracements de Fibonacci. Le premier retracement 23,6 % du mouvement entre 151 dollars le 7/08/24 et 242 dollars le 4/02/25 est à 220,60 dollars. Ce niveau indique le premier support. C'est au niveau de 50 %, soit à 197,11 dollars, qu'on anticipe un changement de tendance ou une correction plus importante de l'action.

Selon la théorie de Dow, la tendance haussière reste intacte tant qu'il y a une série de sommets et de creux de plus en plus hauts Dans cet exemple, il y a un risque d'un creux plus bas qui freinerait la tendance haussière.

<u>Les critiques de la théorie de Dow</u>

Les critiques estiment que les signes d'achat ou de vente arrivent trop tard. L'économie et le comportement des indices ont changé depuis l'époque de Dow. Certains notent que les secteurs technologiques sont plus importants aujourd'hui que les indices des transports. La croissance de l'intelligence artificielle donne plus d'importance au secteur des semi-conducteurs.

Ceci est clair lorsqu'on constate l'effet des « 7 magnifiques » sur le S&P500. Ces sept compagnies : NVIDIA, Amazon, Meta-Platforms, Alphabet, Microsoft, Apple et Tesla mènent le S&P500, suivies par les 493 compagnies.

Le graphique qui suit montre l'effet des sept compagnies leaders de la technologie, en comparaison avec celui du SP500.

Les 7 Magnifiques « Magnificent 7 » comparées au S&P500

Nous allons maintenant analyser les cycles de Wyckoff car il y a des similarités avec la théorie de Dow.

CHAPITRE 5

LES CYCLES DE WYCKOFF

Qui était Richard Wyckoff ?

Richard Wyckoff, qui vécut de 1873 à 1934, était un trader américain et aussi rédacteur du *Wall Street Technique*. Il a également écrit plusieurs ouvrages.

La théorie de Wyckoff décrit les éléments clés de l'évolution des tendances de prix, marquées par des périodes d'accumulation et de distribution.

Selon Wyckoff : « Lire toutes les nouvelles financières et les évaluer ne vous servira à rien. Le marché peut monter en cas de mauvaise nouvelle et baisser en cas de bonne nouvelle. Alors, où êtes-vous ? »

Ceci est un exemple de « buy the rumour, sell the fact », c'est-à-dire « acheter la rumeur et vendre la nouvelle ». Le prix est déjà anticipé lorsque les chiffres sont publiés ; le marché réagit de façon inattendue car les nouvelles ont déjà été enregistrées.

Cette théorie de Wyckoff est liée à la phase de distribution de la théorie de Dow.

Le graphique qui suit montre l'effet de la rumeur d'une société activiste qui visait BP. Il y a eu un gap important et le marché devra essayer de retrouver ses niveaux lorsque la rumeur sera confirmée. Les traders suivront de très près une éventuelle clôture du gap. Dans ce cas, ce dernier est identifié comme une fenêtre, selon les bougies japonaises. Cette analyse de gap est expliquée en détail dans l'œuvre de Daniel Cohen de Lara, *Les chandeliers japonais*, p. 84-99.

Graphique de l'action BP

La théorie de Wyckoff identifie « l'homme composite ». Il explique que les traders doivent se concentrer sur les actions d'un individu et doivent essayer de trader de la même manière. Cette théorie touche à la psychologie du marché et comment réagir.

Selon Wyckoff, « la technique boursière n'est pas une science exacte. Les cours des actions sont déterminés par l'esprit des hommes ».

Wyckoff accentuait l'importance de gérer son trading.

Cette méthode identifie les cycles composés de 4 phases, qui montrent le cycle du prix :

1. L'accumulation qui intervient quand l'actif est survendu : « oversold ».
2. La phase de « mark up », qui intervient après l'accumulation, indique une variation du prix à la hausse.
3. La distribution qui intervient quand l'actif est suracheté : « overbought ».
4. La dépréciation, « markdown », lorsque le prix chute.

Le graphique qui suit indique la période qui est « overbought » (surachetée) qui mène à la zone de distribution et un changement de tendance. Il est aussi recommandé d'utiliser la méthode de Wyckoff avec certains oscillateurs afin d'anticiper les mouvements.

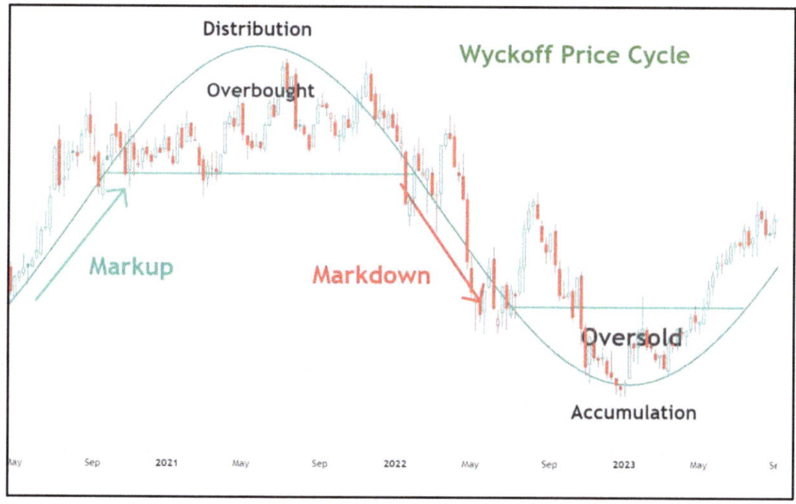

La méthode de Wyckoff est utilisée par les traders du Forex afin d'identifier chaque phase et prévoir les tendances futures, surtout sur le day trading.

La similarité avec la méthode de Dow correspond à l'importance de sommets et creux successifs afin de confirmer une tendance haussière ou baissière ou un marché neutre.

Le chapitre qui suit explique l'utilité des quatre types de graphiques lorsqu'on débute toute analyse.

CHAPITRE 6

LE CHOIX
DES QUATRE GRAPHIQUES

Afin d'analyser le marché, on a le choix de graphiques tels que :

1. <u>Le graphique « line »</u>

Ce graphique utilise souvent les prix de clôture afin de montrer une seule ligne. Les prix de clôture sont utilisés car la clôture est considérée importante pour le prochain mouvement. La tendance est claire mais nous avons besoin de plus de détails pour analyser l'activité sur la journée, les niveaux haut et bas. Pour cela, nous verrons le graphique en barres.

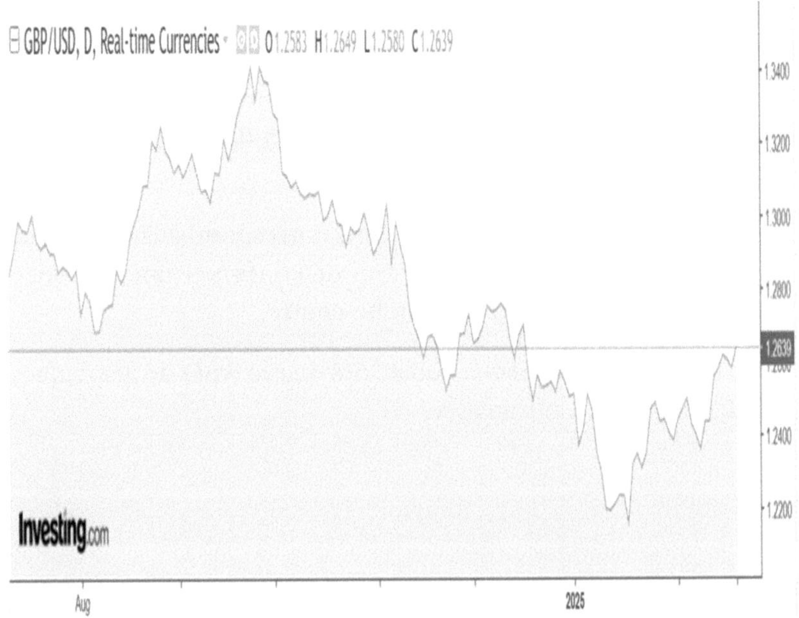

2. <u>Le graphique en barres</u>

Ce graphique permet d'analyser l'ouverture, le haut, le bas et la clôture de la séance. Cette représentation est très utile pour identifier les « inside day », « outside day » et « key reversal day », ainsi que la continuation de tendance ou le changement de tendance. Le graphique qui suit sur GBP/USD montre un « key reversal day », une tendance corrective haussière.

Rappelons que l'on désigne par « inside day » une séance où le titre présente une fourchette de prix dans la fourchette haute/basse de la veille.

A contrario, un « outside day » est un jour où la fourchette de prix englobe celle de la veille.

3. <u>Le graphique en points et figures</u>

Ce type de représentation graphique date des années 1900. Il utilise « X » pour les niveaux de hausse et « O » pour la baisse. Il est très pratique pour identifier les niveaux de support, résistance, et déterminer des signaux d'achat ou de vente. Les niveaux de support et résistance sont clairs sur le graphique points et figures pour la paire GBP/USD. La notion de temps n'est pas indiquée comme sur les autres types de graphiques. C'est la différence principale.

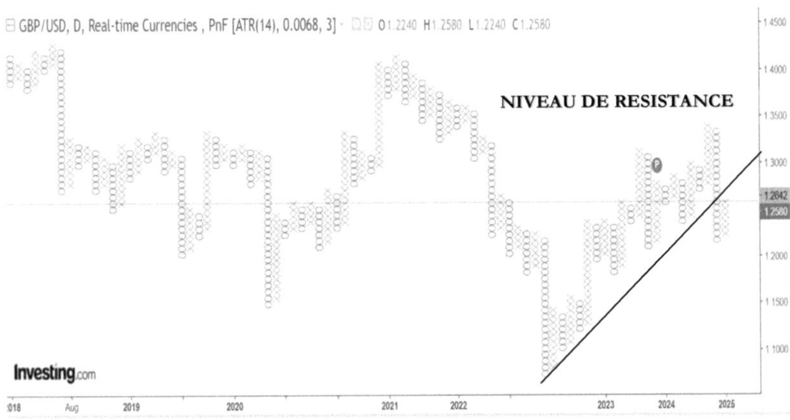

4. <u>Le graphique de bougies japonaises</u>

C'est certainement le graphique le plus utilisé dans les salles de marchés, car il est rapide de constater une période haussière ou baissière en fonction de la couleur de la bougie. C'est une méthode développée par les traders de riz japonais au début des années 1700. Ces graphiques sont bien expliqués dans l'ouvrage de Daniel Cohen de Lara : *Les chandeliers japonais*, dans la même collection « Les essentiels de l'AFATE »

Un exemple illustré sur le GBP/USD

L'importance des niveaux psychologiques

Les deux graphiques qui suivent montrent l'importance des niveaux psychologiques sur les marchés, souvent en tant que support et résistance clés.

Les graphiques suivants montrent des exemples de ces types de niveaux :

- 1 et 1,05 dollar pour l'EURUSD
- La résistance à 160 yens pour la paire USDJPY

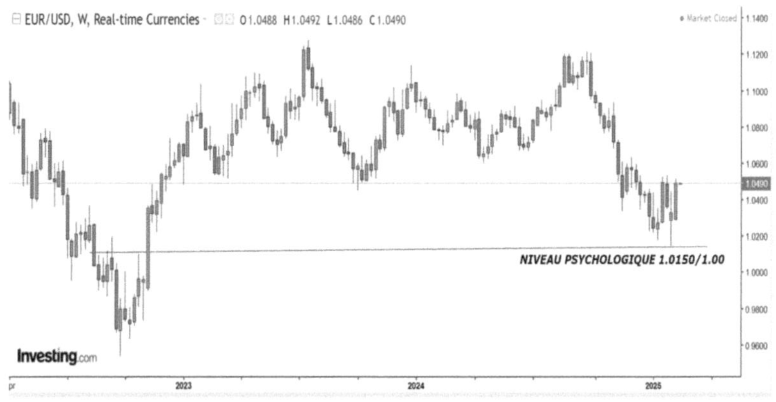

USD/JPY, D, Real-time Currencies · O 152.26 H 152.29 L 152.18 C 152.28
Market Closed
NIVEAU PSYCHOLOGIQUE 159/160
160.00
158.00
156.00
154.00
152.28
152.00
150.00
148.00
146.00
144.00
142.00
140.00
Investing.com
Sep
2025

CHAPITRE 7

RAPPROCHEMENT DE DOW SUR TOUTE ANALYSE DE MARCHÉ

Les points clés de l'analyse technique sont liés à la théorie de Dow.

Premièrement, le prix. L'analyse technique se concentre sur le prix, car toutes les informations sont dans le prix. Les tendances et les données historiques sont utilisées pour prévoir les mouvements de prix futurs, en mettant l'accent sur les prix et le volume.

Ensuite, les indicateurs techniques. Les traders utilisent des indicateurs techniques ainsi que les moyennes mobiles afin d'établir leur stratégie. Ceci est lié à Dow qui mentionne la comparaison des moyennes mobiles.

Finalement, toutes les informations sont nécessaires. Aujourd'hui, un grand nombre de traders et d'analystes utilisent une combinaison d'analyses fondamentale et technique pour leurs recherches et leurs prévisions.

Le Graphique du DJIA et tendance secondaire

Le Plan de Trading qui suit est un résumé de l'application de l'analyse technique sur tous les marchés et qui donne la priorité à la théorie de Dow.

LE PLAN DE TRADING

SÉLECTIONNER LE TYPE DE GRAPHIQUE À ÉTUDIER

Traditionnel : Graphiques linéaires, en barres, en points et figures

Populaire : Bougies japonaises

QUELLE EST LA TENDANCE ?

ANALYSER LE LONG TERME > TENDANCE À COURT TERME

Avoir une image de la tendance 3 à 5 ans jusqu'au court terme.

Utiliser la théorie de Dow, pour évaluer la tendance et la phase actuelles. Les retracements de Fibonacci pour les objectifs

QUELLES SONT LES FIGURES IMPORTANTES ?

Identifier les figures potentielles de continuation ou retournement de marché, avec niveaux de support et résistance.

QUE MONTRENT LES MOYENNES MOBILES ?

Identifier les moyennes mobiles court terme et long terme pour confirmer la tendance.

QUELS SONT LES SIGNAUX DES OSCILLATEURS ?

Anticiper les signaux d'achat et de vente d'après les divergences entre le prix et l'oscillateur tels que le RSI, stochastique ou autres indicateurs.

QUELLE ÉTUDE AJOUTER ?

Analyser les études de vagues d'Elliott, les signes de bougies japonaises et études Ichimoku.

OBJECTIF

Construire des bases solides, bien définir l'objectif et le risque –
Stop Loss Trader avec une méthode précise et disciplinée.

L'IMPORTANCE DE LA FOULE

Mark Twain

1835-1910

L'effet de la foule est lié au mouvement de distribution de Dow lorsque le marché est suracheté.

L'écrivain et humoriste américain qui a vécu entre 1835 et 1910 explique l'effet de la foule lorsqu'il écrit :

« *Lorsque vous vous trouvez du côté de la majorité, c'est le moment de faire une pause et de réfléchir.* »

CONCLUSION

Ainsi que Charles Dow le disait : « Connaître les valeurs, c'est connaître le sens du marché. »

La théorie de Dow est sans aucun doute la base de l'analyse technique.

C'est grâce à cette théorie que nous pouvons distinguer les trois tendances, appliquées sur tous les marchés, ainsi que les trois phases.

Aujourd'hui, malgré le nombre de développements dans l'intelligence artificielle et le trading algorithmique, la théorie de Dow a maintenu sa place en tant que pilier important de l'analyse technique. Les exemples de Dow peuvent être appliqués sur tous les marchés – le Forex (marché de devises), les actions, les obligations et les matières premières.

L'objectif de ce livre est de mettre en valeur la théorie de Dow tout en utilisant le Plan de Trading référencé en page 41. Chaque spécialiste de marché financier, trader ou analyste peut adapter son plan. J'espère que les recherches de Dow vous accompagneront dans toutes vos décisions profitables de trading.

La théorie de Dow complète la collection « Les essentiels de l'AFATE ». C'est un accompagnement des livres précédents.

Daniel Cohen de Lara
LES CHANDELIERS JAPONAIS
Les essentiels
de l'afate
association française
des analystes techniques
JDH
ÉDITIONS

À découvrir

Daniel Cohen de Lara
LES BANDES DE BOLLINGER
UNE NOUVELLE APPROCHE POUR PILOTER LES TENDANCES
Les essentiels
de l'afate
association française
des analystes techniques
JDH
ÉDITIONS

Suivez **JDH Éditions** sur les réseaux sociaux
pour en savoir plus sur les auteurs,
les nouveautés, les projets…

Inscrivez-vous à notre Newsletter sur
www.jdheditions.fr
Pour recevoir l'actualité de nos nouvelles
parutions